나를 소개하는 글쓰기
실전!
초등 자기소개

글 김혜원

대학에서 교육학을 공부하고 교육 전문 기고가로 활동했습니다. 어느 순간 이야기 짓는 일의 매력에 빠져서 지금은 동화를 씁니다. 노트북 빈 화면을 활자로 가득 채우는 시간을 즐기고, 독자에게 가닿는 글을 쓰는 게 가장 잘할 수 있는 일이라고 믿습니다. 쓴 책으로는 소통의 소중함을 다룬 생활동화 《나도 할 말이 있어!》, 멀리 보고 크게 키우는 양육법을 전하는 《초등 1학년 엄마의 12달》이 있습니다.

그림 조성헌

제주도에서 그림을 그리며 살고 있습니다. 우리 삶의 다양한 결을 떠올리게 하는 세밀한 터치와 따뜻한 동심으로 가득한 작품 활동을 펼치고 있습니다. 그린 책으로 《배려_왕따 유정이를 잡아라》, 《긍정_SOS 무인도에 갇혔어요》, 《고도원의 혼이 담긴 시선으로》, 《블랙뷰티》 등이 있고, 이외에도 많은 그림책과 단행본, 연재물의 일러스트 작업을 하고 있습니다.

나를 소개하는 글쓰기
실전! 초등 자기소개

초판 2쇄 발행 2023년 1월 20일

글 김혜원　그림 조성헌
펴낸이 김도연　펴낸곳 키위북스　편집장 김태연　마케팅 김동호　꾸민곳 디자인 su;
주소 경기도 고양시 일산동구 중앙로 1079, 522호
전화 031-976-8235　팩스 0505-976-8234
전자우편 kiwibooks7@gmail.com
출판등록 2010년 2월 8일 제 2010-000016호

ⓒ 김혜원, 조성헌 2022

ISBN 979-11-91748-23-9 73800

· 책값은 뒤표지에 있습니다.
· 이 책은 저작권법에 따라 보호받는 저작물이므로 무단 전재와 무단 복제를 금지하며,
  이 책 내용의 전부 또는 일부를 이용하려면 반드시 저작권자와 키위북스의 서면 허락을 받아야 합니다.
· 잘못된 책은 바꾸어 드립니다.

나를 소개하는 글쓰기

실전!
초등 자기소개

글 김혜원 · 그림 조성헌

여는 글

"꿈이 뭐야?"라고 물으면 "그런 거 없어요!" 하고 대답하는 초등학생이 적지 않아요. 일찌감치 장래 직업을 정하고는 "나랑 잘 맞는지 모르겠다."고 고민하는 경우도 있어요. 무엇을 좋아하고 잘하는지 경험할 기회가 부족하기 때문이에요. 장래 희망은 하루아침에 생기는 게 아니어서 생각하는 시간을 충분히 거쳐야 해요. 진로 탐색의 첫걸음은 바로 나를 제대로 아는 것이에요. 이걸 자기 이해라고 부르는데 쉽게 설명하면 '나는 이런 사람이야.'라고 깨닫는 과정이에요. 자기 이해는 진로를 찾는 데 꼭 필요한 나침반이지요.

　어린이들에게 권하고 싶은 자기 이해 활동은 나를 소개하는 글쓰기예요. 시간 가는 줄 모르고 집중해서 빠져든 일이 무엇인지 떠올리고, 친구나 선생님은 나에게 어떤 칭찬을 자주 하는지 메모해 보세요. 내 성격이나 장점 등을 파악하는 것도 좋아요. 그걸 바탕으로 자기소개 글을 쓰면 나 자신과 더 가까워질 수 있어요. 자기소개는 학기 초마다 하는 지루한 활동이 아니랍니다. 이 책을 읽으면서 남과 다른 나의 특징을 발견하고 앞으로 나아갈 길의 방향을 찾기 바랍니다.

김혜원

차례

이야기를 먼저 읽어요!

- 지겹다! 똑같은 자기소개 　　　　　　　　　10
- 별별 대회가 다 있네 　　　　　　　　　　　16
- 첫 번째 미션, 내 성격 쓰기 　　　　　　　　23
- 나를 알아 가는 설문 조사 　　　　　　　　　28
- 뜻밖의 발견 　　　　　　　　　　　　　　　33
- 국그릇 같은 사람이 되고 싶어요! 　　　　　 41

실전! 나를 소개해 보아요

- **1단계** | 나의 장점과 성격 알아보기 　　　　　49
- **2단계** | 자기소개에 알맞은 소재 찾기 　　　　54
- **3단계** | 자기소개 글쓰기 궁금증 해결 　　　　57
- **4단계** | 완성! 나를 소개하는 글쓰기 　　　　 60

이 책의 활용법

• 이야기를 읽고 자기소개 이해하고 개념 익히기

이야기를 먼저 읽어요!는 고유한 어린이가 자기소개 대회에 참가하면서 겪는 이야기를 담고 있습니다. 이야기를 통해서 자기소개란 무엇인지 쉽고 재미있게 알아볼 수 있어요. 여러분과 똑같이 자기소개 하는 일을 어려워하던 고유한 어린이가 왜 대회에 참가하게 되었는지, 대회를 치르려고 어떤 노력을 기울였는지, 그리고 어떤 결과를 얻었는지 살펴보면서 자기소개에 대해 제대로 이해하고 개념을 먼저 익히는 과정이지요.

• 단계별 쓰기 활동을 통해 나만의 자기소개 글 완성하기

실전! 나를 소개해 보아요는 자기소개에 알맞은 단계별 활동을 따라 하면서 실제로 글을 완성해 보는 과정이에요. 각 단계마다 어떤 활동인지, 왜 필요한지, 어떤 방법이 효과적인지 설명하고, 예시를 들어 혼자서도 충분히 따라 할 수 있도록 구성했어요. 따로 마련된 빈칸에는 설명과 예시를 통해 이해한 내용에 맞추어 나에게 해당하는 내용을 쓰면 됩니다. 순서대로 차근차근 하다 보면 나만의 멋진 자기소개 글이 완성될 거예요.

이야기를 먼저 읽어요!

안녕! 나는 고유한이라고 해. 내가 '초등학생을 위한 자기소개 대회'에 참가한 경험담을 들려줄게. 어쩌다 그런 결심을 하게 되었냐고? 정말 탐나는 상품이 걸려 있었거든. 그리고 무엇보다 친구들의 비웃음을 산 '망쳐 버린' 나의 자기소개를 제대로 다시 할 수 있는 기회라는 생각이 들었어! 그래서 성공했냐고? 어떻게 됐는지 궁금하지? 내 이야기 들어 볼래?

- 지겹다! 똑같은 자기소개
- 별별 대회가 다 있네
- 첫 번째 미션, 내 성격 쓰기
- 나를 알아 가는 설문 조사
- 뜻밖의 발견
- 국그릇 같은 사람이 되고 싶어요!

지겹다! 똑같은 자기소개

"제가 좋아하는 과목은 국어입니다. 그래서 책을 많이 읽습니다. 싫어하는 과목은 미술입니다. 그 이유는 그림을 못 그리기 때문입니다. 저의 장래 희망은 119 구조대원이었는데, 올해 4학년이 되면서 로봇공학자로 바꿨습니다. 구조대원은 힘이 세야 할 것 같아서……."

우리 반 남자 10번이 교탁 앞에 서서 자기소개를 했다. 3월 들어서 벌써 보름째, 하루에 한두 명씩 발표하는데 제대로 듣는 애들이 없다. 모두 지루해하는 얼굴이다.

여자 10번의 발표도 비슷했다. 떡볶이, 그것도 엽기적으로 아주 매운 떡볶이를 좋아한다는 내용을 더 넣었을 뿐이다. 아침마다 똑같은 얘기를 듣고 있으려니 선생님이 왜 계속 이런 활동을 고집하는지 궁금해졌다.

그래도 어제 세이의 자기소개는 들을 만했다. 지난해 영어 말하기 대회에 이어 올해 초 수학 경시대회까지 휩쓴 뒤여서 공부 비법을 자랑할 줄 알았는데, 뜻밖에도 사귀고 싶은 남자 친구를 주제로 삼았다.

"저는 키가 크고 유머가 많은 재미있는 친구를 좋아합니다."

세이의 느닷없는 발언에 우리 반 아이들이 모두 '오오!' 하고 탄성을 질렀다. 세이가 호감을 느끼는 사람이 누구인지 찾으려고 한바탕 난리가 났다.

"누군데 누구? 머리글자라도 알려 줘."

"야! 말하려면 끝까지 말해야지. 중간에 그만두면 어떡해?"

아이들은 책상을 쿵쿵쿵 두드리면서 박자에 맞춰 "이세이, 말해 줘, 이세이, 말해 줘!"를 외쳤다. 몇몇은 나를 쳐다봤고 "혹시 고유한 아니야?"라며 내 이름을 말하기도 했다. 내가 우리 반에서 키가 가장 큰 세 명 가운데 하나이니까 그 추측이 맞을지도 모른다고 생각했다. 오랜만에 자기소개 시간에 생동감이 넘쳤다.

그래서 오늘도 특별한 내용이 있을까 하고 기대했는데 다시 예전과 똑같아졌다.

점심시간, 며칠 뒤에 발표해야 하는 단짝 은결이가 나에게 도움을 청했다.

"자기소개 말이야. 애들이 말하는 거 너무 재미없지 않냐? 뭐 좋은 아이디어 없을까?"

"글쎄…… 딱히 해 줄 말이 없는데."

은결이는 발표를 색다르게 하기를 원했다. 컴퓨터 프로그램을 잘 다루는 특기를 살려서 동영상이라도 근사하게 편집해 올 태세였다. 하지만 내가 조언한다고 해서 도움이 될 것 같진 않았다. 내 발표는 한마디로 엉망이었기 때문이다. 생각나는 대로 이 말 저 말을 늘어놓다가 시간에 쫓겨서 흐지부지 마무리했다.

"저는 야구를 좋아합니다. 우리 동네에 야구 교실이 있는데 주말에 서너 시간씩 운동합니다. 취미반엔 누구나 들어올 수 있습니다. 아, 제대로 배우고 싶으면 선수반을 추천합니다. 감독님이 선수 출신이어서 잘 가르치시거든요. 이번에 유소년 야구 대회 대표 팀도 맡으셨습니다. 그렇다고 제 꿈이 야구 선수는 아니고…… 커서 뭐가 될지는 아직 생각 중입니다."

발표를 끝내고 내 자리로 돌아오는데 누가 아주 큰 목소리로 "야구 감독님 소개 잘 들었어!"라고 말했다. 여기저기서 킥킥대는 소리가 났다. 창피해서 얼굴이 화끈거리고 손에 땀이 고였다. 그러니 해 줄 말이 없다는 건 거짓말이 아니다.

그렇지만 고민이 가득한 은결이 얼굴을 보니 무슨 얘기라도 해 줘야 할 듯했다.

"인터넷에 검색해 봐. '초등학생 자기소개 잘하는 법'이라고 쳐서."
"벌써 해 봤지. 별거 없어."
"그래? 난 그거라도 해 볼걸 하고 후회했는데."
"올라오는 글이 비슷해서 도움이 될 만한 게 없어."

은결이는 숙제 도우미 누리집에서 찾았다면서 나에게 종이를 한 장 내밀었다.

자주 먹는 음식과 싫어하는 음식, 좋아하는 운동과 스포츠 선수, 여행하고 싶은 나라, 가장 무서워하는 동물, 시간이 날 때 즐기는 취미 활동, 어른이 되어서 이루고 싶은 꿈……. 내용을 쓰윽 훑어보니 친구들이 발표한 것과 크게 다르지 않았다.

문득 은결이에게 당부하고 싶은 말이 떠올랐다.

"다른 건 몰라도 장래 희망이 있으면 꼭 얘기해. 난 꿈이 없다고 했다가 난처해졌거든."

"왜? 무슨 일이라도 있었어?"

"애들이 떠들고 다니는 바람에 그 소리가 우리 엄마 귀에 들어갔어. 며칠 동안 잔소리를 얼마나 많이 들었는지 몰라. 생각 없이 산다고."

"아, 그랬구나. 근데 나도 생각 없이 산다는 말을 들을지 몰라."

"네가 왜?"

"내 꿈이 건물주라고 하면 애들이 비웃지 않을까?"

아주 잠깐 컴퓨터를 능숙하게 다루는 건물주를 상상했다. 휴대폰으로 냉장고와 세탁기를 비롯한 각종 기기들을 작동하는 집을 떠올리면서. 사물 인터넷을 활용하는 빌딩이라면 은결이가 주인으로 제격일 거라는 생각이 들었다.

"건물주라고 다 같은 건물주인가? 비웃긴 왜 비웃어. 잘 어울린다고 할 것 같은데."

"그러려나?"

"암, 인공지능 시대에는 어디서든 너 같은 컴퓨터 도사가 많이 필요할 거야."

자기소개 활동이 한 달 내내 이어졌고, 은결이는 무난하게 발표를 마쳤다. 나는 은결이가 장래 희망을 솔직하게 밝히지 못하고 "아직 꿈이 없다."고 말한 게 아쉬웠다.

별별 대회가 다 있네

　3월 마지막 주 월요일 아침, 우리는 봄 소풍을 주제로 이야기꽃을 피웠다. 그때 담임 선생님이 커다란 종이 뭉치를 돌돌 말아 쥐고 교실 뒷문으로 들어왔다.
　아이들은 게시판에 포스터를 붙이는 선생님을 둘러싸고 물었다.
　"그게 뭐예요?"
　시선을 위로 올리니 '초등학생을 위한 자기소개 대회'라는 글자가 눈에 들어왔다. 으음, 별별 대회가 다 있네. 딱지치기 대회부터 숲속 꿀잠 대회, 달팽이 자랑 대회까지 들어 봤는데 나를 설명하는 대회는 처음 접하는 거였다.
　선생님은 게시판 정리를 끝내고 교탁 앞으로 걸음을 옮겼다.

"추천하고 싶은 행사가 있어. 자기소개 대회인데……."

선생님 말이 채 끝나기도 전에 아이들이 한숨을 길게 내쉬었다.

"아휴, 또요?"

선생님은 양손을 어깨 높이로 올려서 잠시 가만있어 보라고 신호를 보냈다. 교실이 순식간에 조용해졌다. 우리가 의견을 모아서 학기 초에 정한 약속이었다.

"대회 취지가 좋아서 너희한테 권하는 거야."

선생님은 우리 지역에 있는 숲별어린이재단이 '미래의 주인공은 바로 나'라고 느끼게 하려고 이런 대회를 연다고 말했다. 여기에 참가하고 싶은 마음이 들게 하려고 그동안 자기소개 활동을 진행했다는 말도 덧붙였다.

애들은 투덜거렸지만 나는 선생님이 대회를 권할 만하다고 생각했다. 우리가 했던 발표가 개성이 없고 서로 똑같으니까 말이다. 이번 기회에 나를 소개하는 법을 배우라는 의미인 듯했다.

궁금한 점이 있느냐는 선생님의 질문에 세이가 손을 들었다.

"대회에 나가고 싶으면 바로 행사 장소로 가면 되나요?"

"아니야, 나한테 먼저 알려 줘야 해. 학교에서 보낸 명단에 있는 사람만 참가할 수 있어. 신청이 접수되면 대회 준비에 필요한 자료를 보내 주는 모양이야."

뒤이어 내 짝꿍인 진주가 질문했다.

"하기 싫은 사람은 안 해도 되죠?"

내가 묻고 싶은 내용이었다. 나를 포함해 우리 반 아이들 절반이 이게 가장 궁금했을 거다.

선생님은 설득하는 말투로 말했다.

"응. 그런데 되도록 참가하면 좋겠어. 의미 있는 진로 탐색 활동이 될 거야."

은결이가 아는 척하면서 말을 보탰다.

"아아, 직업 체험 같은 거 말이죠?"

선생님은 고개를 끄덕이면서 대답했다.

"그래, 그런 활동도 포함되지."

"그런데 우리 형은 체험하고 싶은 게 없어서 친구 따라 갔다가 아무것도 안 하고 그냥 왔다던대요. 전자 제품 판매점에 있는 안마 의자에 누워서 잠만 자다가 왔대요."

"아이고 이런! 자기가 흥미를 느끼는 게 뭔지, 앞으로 하고 싶은 게 뭔지 모르니까 그런 일이 생기는 거야."

선생님은 자기소개 대회가 우리에게 도움이 많이 될 거라고 강조

했다. 재미있는 체험 부스를 운영하고 이벤트도 진행한다면서 참가하지 않으면 손해라고 했다. 그 말을 들으니 한번 가 볼까 하는 마음이 생겼다. 망쳐 버린 자기소개를 제대로 다시 할 수 있는 기회라는 생각이 스쳤다. 수업이 시작된 뒤에도 내 머릿속엔 대회를 향한 궁금증이 가득 찼다.

쉬는 시간, 교실 뒤편으로 쪼르르 달려갔다. 선생님이 붙인 포스터를 자세히 보고 싶었다.

신청 마감이 얼마 남지 않았지만 선생님이 참가자 명단을 작성한다고 했으니까 문제없었다. 자료 배포는 뭐지? 아, 맞다. 참가 신청자에게 뭔가 나눠 준다고 했지.

포스터를 조목조목 꼼꼼히 들여다보다가 내 눈을 확 사로잡는 대목을 발견했다.

시상 내역	숲별상 55명_ 상장과 무한상상실 연간 주말 자유이용권 단체상 5팀_ 상패와 도서 200권
심사 기준	자기 이해도, 진실성, 참신성, 문장 구성력, 완성도

※ 남의 글을 표절하거나 다른 사람의 도움을 받은 것이 확인되면 수상을 취소합니다.

무엇보다 50명 넘게 상을 받는다는 게 마음에 들었다. 게다가 내가 좋아하는 목공 실습부터 증강현실 체험, 3D 프린터 활용까지 흥밋거리가 가득한 무한상상실에 마음껏 드나들 수 있는 이용권을 주다니! 정말 탐나는 상품이었다. 단체 부문에서 수상하면 책을 잔뜩 보내 주는 것도 솔깃했다. 학교 도서관 책장을 내 손으로 채우는 상상을 하니 입꼬리가 저절로 올라갔다.

　내가 싱글거리고 있으니까 진주가 쓱 다가와서 말을 걸었다.

"대회에 나가려고?"

"으응, 한번 나가 볼까 생각 중이야. 백진주, 너는?"

"아니, 난 됐어. 사양할게."

"너 지난번 학급 회장 선거 때 후보로 나와서 백, 백세시대, 진, 진주의 활약을, 주, 주목하세요, 라고 말했잖아. 어떻게 활약하고 싶은지 쓰면 되지."

"에이, 그건 회장이 되려고 만든 삼행시이고. 글을 길게 쓰는 건 자신 없어."

"자료를 보내 준다니까, 거기 자세한 설명이 있겠지. 우리 같이 해 보자."

　우리 둘이 말하는 걸 듣고 있었는지 세이가 훅 끼어들었다.

"쓸거리를 준비하는 건 모두 마찬가지일 테고. 내용을 얼마나 알차게 쓰는지가 중요하겠지."

　잘난 척하는 말투 때문인지 대회에 나가지 말라는 말처럼 들렸다. 나도 모르게 볼멘소리가 나왔다.

"그래서 세이 네 말은 지금…… 내가 쓸 내용이 별로일 거다, 그런 뜻이야?"

"음, 장래 희망이 없으면 힘들지 않을까? 이런 대회엔 어릴 때부터 꿈을 정한 애들이 참가하는 거야. 나처럼."

세이는 국제 변호사가 되려고 하루도 빠뜨리지 않고 영어 공부를 한다면서, 심사 위원은 자기 같은 애들을 좋아한다고 으스댔다.

잠자코 듣던 진주가 세이 편을 들었다.

"아니면 할 얘기 많고 쓸거리 가득한 애들."

"뭐, 어떤 얘기?"

내가 묻자 진주의 대답은 거침없었다.

"학원에 다닐 형편이 안 되는데 혼자 열심히 공부해서 일등을 놓치지 않는다든지, 구두 만드는 사람이 되고 싶은데 부모님은 의사가 되라고 한다든지. 그런 얘기가 눈길을 끌겠지."

진주 말을 듣고 보니 내가 자라 온 과정엔 이야깃거리가 부족했다. 그래서 오히려 오기가 생겼다. 물론 글감을 찾는 일이 쉽지 않겠지만 꽤나 흥미진진한 과정이 될 것 같았다.

첫 번째 미션, 내 성격 쓰기

다음 날 아침, 선생님은 대회 참가자 명단을 작성했다. 나와 은결이를 포함해 예닐곱 명이 신청했다. 세이 쪽을 쳐다봤는데 역시나 자신 있게 손을 들고 있었다. 야구 선수로 진로를 정한 하준이가 관심을 보이지 않고 학급문고 책만 만지작거리는 건 의외였다.

"저는 타격감이 매우 좋고 3루수 수비력도 튼튼해서 인기가 무척 많습니다."

강하준, 우리 반 남자 1번의 자기소개는 자신감이 넘쳤다. 벌써 중학교 감독님들이 눈여겨본다는 소문이 돌 정도니 그럴 만했다. 그 이야기만 써도 원고지 다섯 장은 가득 찰 텐데……. 훈련 때문에 바쁜가 보다 생각했다.

교실은 여느 때처럼 활기가 넘쳤다. 1교시 시작 전, 나는 슬그머니 선생님 책상에 다가갔다. 어제 세이랑 진주가 했던 말이 마음에 걸렸기 때문이다.

"선생님, 저, 자기소개 대회 말이에요. 아직 꿈이 없으면 안 써도 되지요?"

"당연하지. 이게 장래 희망 자랑 대회는 아니잖아. 그걸 고민할 필요는 없는 것 같은데."

선생님은 없는 꿈을 일부러 만들 필요는 없다면서 빙그레 웃었다. 미소를 보니 마음이 놓였다.

일주일쯤 지났을까, 내 앞으로 우편물이 하나 왔다. 아빠와 놀이터에서 캐치볼을 하고 돌아오는데, 아파트 우편함에서 커다란 서류 봉투가 얼굴을 비쭉 내밀고 있었다. 우편물을 보낸 곳은 숲별어린이재단이었다.

집에 들어가자마자 거실 수납장에서 가위를 꺼내 들고 봉투를 조심스럽게 열었다. 동화책만 한 크기의 안내서가 들어 있었다. 표지에 적힌 제목은 〈자기 이해, 어렵지 않아요!〉였다. 첫인상은 블록을 사면 따라오는 조립설명서 같았다. 수첩과 카드, 스티커가 들어 있어서 반가웠다. 표와 그림이 많고 만화로 설명한 부분도 여러 장이어서 이해하기 쉬워 보였다.

옆에서 고개를 쭉 빼고 보던 아빠가 말했다.

"그거 재미있어 보이네. 얼른 손 씻고 와서 차근차근 읽어 봐."

"그래야겠어요."

나는 글러브와 야구공을 정리함에 넣고 손을 씻었다. 그러고 내 방 의자에 걸터앉아서 안내서를 펼쳤다. 첫 장부터 꼼꼼히 읽었는데 짐작대로 어려운 내용은 없었다.

집이나 학교에 머물 때, 혹은 길을 오갈 때 여러분 주변을 둘러보세요. 무엇이 내 눈길을 사로잡나요? 이처럼 마음이 끌려서 흥미를 기울이는 것을 **관심**이라고 해요.

하고 싶은 게 있으면 참지 못하는 편인가요? 한 가지 일을 시작하면 끝날 때까지 집중하나요? 이렇게 타고난 성질을 **기질**이라고 부르죠.

내가 잘하는 것, 남보다 뛰어난 점은 **강점**이라고 해요. 사람들이 나의 어떤 점을 칭찬하는지 생각해 보세요.

설명이 이어지다가 암탉과 아기 부엉이, 귀여운 소녀, 요리사 할

아버지처럼 친근한 캐릭터가 등장했다. 재미있게 읽은 책을 골라서 주인공의 성격과 특징을 떠올리는 게 과제였다. 털털한, 잘 웃는, 호기심 가득한, 아이디어가 많은……. 내가 좋아하는 등장인물은 대부분 적극적이었다.

뒷장을 펼치니 커다란 나무 모양의 표가 하나 나왔다. 활동 이름은 '나의 성격 쓰기'였다. 그러니까 열매처럼 생긴 동그라미 안에 내 성격을 쓰라는 말이지? 칸이 열 개가 넘는, 조금 당황스러운 미션이었지만 자신 있게 연필을 꺼내 들었다.

가장 먼저 쓴 문구는 '상상하기 좋아하는'이다. 나는 시간 날 때마다 연습장에 집이나 마을을 그린다. 요즘엔 걸어 다니는 집을 디자인하는 일에 푹 빠졌는데, 땅에 고정되지 않고 움직일 수 있는 집을 상상하는 건 무척 즐겁다. 성처럼 커다란 건물 하나에 빵집과 학교, 병원, 경찰서, 신문사처럼 여러 시설이 모인 공동체 마을을 떠올리는 것도 재미있다. 이렇게 모두가 이웃이 되면 범죄가 일어나는 일이 드물고 소외되는 사람도 없을 거라고 생각한다.

두 번째 칸엔 무슨 말이 좋을까 고민하다가 '남의 말을 잘 들어 주는'이라고 썼다. 나는 말하는 걸 좋아하고 이야기하는 게 얼마나 신나는지 잘 안다. 그래서 다른 사람이 말할 때는 귀 기울이려고 노력한다. 애들이 심각한 얘기를 길게 털어놓을 때도 귀찮아하거나 놀라지 않고 들어 준다. 작년에 같은 반이었던 로운이가 "엄마 아빠가 형만 예뻐하는 것 같아서 속상하다."고 털어놓은 건 내가 고민을 잘 들어 주고 비밀을 지키기 때문일 거다.

칸 두 개를 채우는 데 5분이 넘게 걸렸다. 만만하게 생각했는데 마땅한 말이 잘 떠오르지 않았다. 그래도 성격 나무 표를 완성하면서 내가 어떤 아이인지 생각하는 게 재미있었다. 나랑 친해지는 느낌이랄까? 미션을 수행하는 비밀 요원이 된 듯해서 왠지 모르게 기분이 좋았다.

나를 알아 가는 설문 조사

자기소개 준비는 예상대로 즐거웠다. 그런데 대회가 보름쯤 남았을 때 난관에 부딪쳤다. 하고 싶은 말을 처음과 가운데, 끝으로 나눠서 개요를 짜야 한다는 안내서 내용은 이해했는데, 그 다음 단계에서 탁 막혔다.

매력적인 첫 문장을 써 보세요.

나를 함축적으로 설명하면서 읽는 이의 궁금증을 불러일으키는 문장을 쓰라고? 한 번도 접하지 못한 어려운 주문이었다. 함축적이라는 단어를 국어사전에서 찾아본 뒤 더 알쏭달쏭해졌다. 말이나 글에 속뜻을 담으라는데…… 무슨 의미인지 도통 와 닿지 않았다.

나와 달리 은결이는 걱정이 없어 보였다. "대회 준비는 잘 돼?"라고 물으면 벙글거리면서 고개를 끄덕였다. 시간 날 때마다 휴대폰으로 동영상 채널을 보면서 낄낄대는 은결이가 부러웠다. 지난주 금요일에 영어 학원 버스에서 만났을 때도 나한테 손 인사를 하고는 화면에서 눈을 떼지 못했다. 얼핏 보니 세계 여러 나라 사람들이 한 명씩 등장하는 장면이었다.

"뭘 그렇게 재미있게 봐?"

"외국인이 우리나라를 어떻게 생각하는지 인터뷰했는데, 신기하게 대답이 조금씩 달라."

"그래? 어떻게 다른데?"

"어른들한테 물으면 김치, 비빔밥, 분단국가라고 답하거든. 그런데 십대, 이십대는 다들 게임 강국이라고 하거나 방탄소년단이 가장 먼저 떠오른다고 말해."

은결이의 말을 듣는 순간, 머릿속에서 기발한 아이디어가 툭툭 튀어나왔다.

"은결아, 고마워. 나 방금 아주 좋은 생각이 났어."

"으응? 무슨 좋은 생각?"

"우리나라 하면 게임이나 방탄소년단이 가장 먼저 떠오른다며?"

"그래서?"

"우리 반 애들한테 물어봐야겠어. 고유한 하면 뭐가 생각나는지."

"아하, 그거 좋은 아이디어네."

은결이가 응원해 주니 기분이 상쾌해졌다. 자기소개 글의 첫 문장을 완성하는 해법을 찾을 수 있을지 모른다는 기대가 생겼다. 내가 아는 나와 남이 아는 나를 비교하면 아주 재미있을 듯했다.

그날 저녁, 학원에서 돌아오자마자 거실에 있는 컴퓨터를 켜고 설문지를 만들기 시작했다.

우리 반 스물일곱 명 아이들의 의견을 들으면 도움이 되겠지 싶었다. 친구들이 재치 있는 대답을 많이 해 주면 좋겠다고 생각했다.

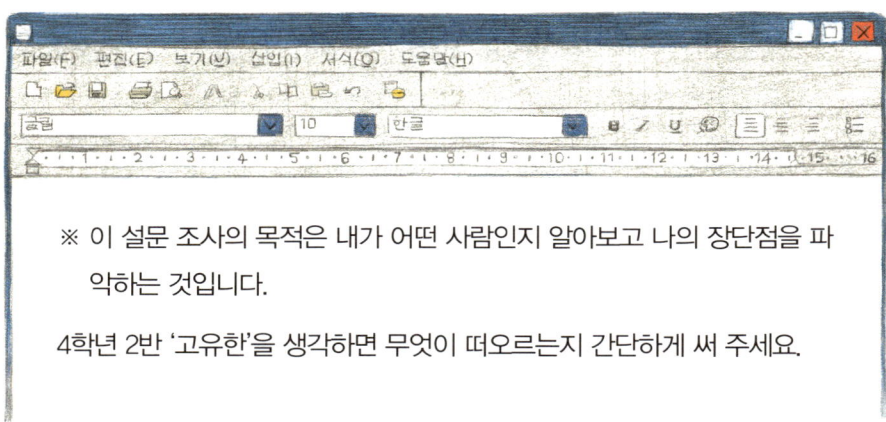

월요일 점심시간, 급식을 먹고 교실로 돌아오는 아이들에게 설문지를 나눠 주었다.

"어, 이게 뭐야? 아이디어 좋다!"

"우리가 설문지 작성해 주면, 넌 뭐 해 줄 거야?"

다들 한마디씩 하자, 진주가 큰 소리로 물었다.

"고유한, 네가 상을 받으면 우리는 뭐가 좋은데?"

내가 금방 대답하지 못하자, 하준이가 대신 나섰다.

"우리 학교 애들이 글을 잘 쓰면 책을 많이 보내 준다잖아."

은결이도 거들었다.

"그래, 별로 어려운 일도 아니니까 간단하게라도 써 주자!"

그런데 세이는 딴죽을 걸었다.

"설문 조사는 비밀 유지가 생명인데, 주관식이라니. 네가 글씨체를 알아보면 어떡해?"

"그럼 너는 오른손잡이니까 글씨 쓰지 않는 왼손으로 써 줘."

이건 예상했던 질문이어서 바로 답할 수 있었다.

응답 방법을 설명하면서 상을 타서 무한상상실 자유이용권을 받으면 목공 교실에서 보드게임을 만들겠다는 약속도 덧붙였다. 우리 반 교실에서 같이 가지고 놀도록 하겠다고 말이다.

아이들은 손바닥이나 책으로 설문지를 가리고 한마디씩 쓰기 시작했다. 대부분 재미있다는 반응이었다. 세이는 연필을 왼손으로 바꿔 잡고 뭐라고 쓰는 것 같더니, 아무도 보지 못하게 하려는 듯 종이를 휙 뒤집었다.

나는 교탁에 올려 둔 상자에 설문지를 넣어 달라고 말했다. 그리고 교실 밖으로 나갔다가 점심시간이 끝날 때쯤 돌아왔다. 상자엔 스물다섯 명의 대답이 들어 있었다. 설문지를 꺼내 얼른 가방에 집어넣었다. 다들 뭐라고 썼을지 궁금했지만 꾹 참고 읽지 않았다.

뜻밖의 발견

집에 돌아오자마자 설문지에 적힌 답변을 소리 내서 읽었다. 이야기책의 흥미진진한 결말을 집중해서 볼 때처럼.

글씨가 반듯하다.

진지한 건 좋은데 가끔 재미없을 때가 있다.

약속을 지키려고 노력한다.

만화 캐릭터를 무척 잘 그린다.

발표할 때 가끔 딴소리를 하는 게 웃기다.

우리 반 한석봉이다. 글씨를 잘 쓴다.

친구를 잘 챙기고 리더십이 있다.

곰돌이처럼 생겼고 성격도 곰 같다.

공부를 잘하는데 외모는 보통이다.

ㅎ,ㅓ,ㄷ,ㅏ,ㅇ,ㅇ,ㅣ,ㄷ,ㅏ.

착하다. 형 같은 친구다.

여자아이들에게 인기가 많은 편이다.

체인지업을 잘 던진다.

일기를 꼬박꼬박 쓰는 점을 본받고 싶다.

이세이를 좋아하는 것 같다.

나랑 성격이 비슷하다.

원칙을 잘 지키지만 융통성이 없는 건 단점이다.

만들기를 좋아한다.

스무 장 가까이 읽었는데 비슷한 내용도 눈에 띠었다. 글씨를 반듯하게 잘 쓴다는 평이 많았다. 내 글씨체가 예쁜 건 외할머니 덕분이다. 할머니 댁에 가면 커다란 달력을 한 장씩 뜯어서 칠판처럼 놓고 글자 획순과 바른 모양을 가르쳐 주셨다.

나는 글 쓰는 걸 좋아한다. 지금까지 쓴 일기장이 일곱 권이 넘는다. 학교에서 나눠 주는 공책이 아주 두꺼운데도 말이다. 우리 반 친구들이 그걸 아는 게 신기했다.

'허당이다.'라는 대답은 누가 썼는지 모르게 하려는 것 같았다. 자음과 모음을 따로 써 놨다. 'ㅎ, ㅓ, ㄷ, ㅏ, ㅇ, ㅇ, ㅣ, ㄷ, ㅏ.' 이렇게! 이건 분명 작년 별자리 캠프 때 같은 방에서 잔 애들 가운데 한 명이 썼을 거다. 이틀째 되는 날, 내 체육복 바지가 감쪽같이 사라지는 바람에 붙박이장에서 이불을 전부 꺼내서 터느라 고생했다. 그때 '허당 고유한 선생'이라는 별명이 생겼다. 물건을 잘 놓고 다니고 구멍이 난 것처럼 허술한 나한테 딱 들어맞는다나 뭐라나.

히힛, 이건 또 뭐야. 이세이를 좋아하는 것 같다고? 우리 반 친구들은 탐정 기질이 있는 게 분명하다. 요즘 세이한테 자꾸 눈길이 가는데 그걸 알아채다니! 근데 이게 좋아하는 감정인지, 하는 짓이 얄미워서 신경이 쓰이는 건지 나도 잘 모르겠다.

설문지를 넘겨 보다가 비뚤비뚤하게 '융통성이 없다.'고 쓴 답변을 발견했다. 원칙과 융통성, 단점이란 단어를 쓸 만한 사람은 우리 반에선 세이뿐이다. 왼손으로 이렇게 길게 답을 쓰다니 정말 이세이다웠다. 더욱 놀라운 건 그게 내가 종종 듣는 말이라는 거였다.

"애가 누굴 닮아서 이렇게 요령이 없고 고지식한지 모르겠네."

엄마가 가끔 나한테 핀잔주는 말과 놀랍게 일치했다.

만화 캐릭터를 잘 그린다, 만들기를 좋아한다……. 친구들이 나를 속속들이 잘 알아서 놀라웠다. 예전에 다니던 미술 학원 선생님이 "그림을 계속 배워서 이 길로 나가도 좋을 것 같다."고 했는데 애들도 그렇게 느꼈나 보다.

의외의 대답은 '체인지업을 잘 던진다.'는 말이었다. 왜냐면 나는 한 번도 그렇게 생각한 적이 없기 때문이다. 이건 하준이가 쓴 거다. 얼마 전, 야구 교실에서 똑같은 말을 한 적이 있다.

비가 오는 바람에 선수반 원정 경기가 취소되어서 실내 연습장에서 취미반과 함께 운동했다. 학교에서 하준이를 늘 보지만 훈련장에서 만나니 더욱 반가웠다. 나는 궁금한 점을 물었다. 쓸거리가 많을 텐데 왜 자기소개 대회에 나가지 않느냐고.

하준이의 대답이 예상 밖이었다.

"막상 선수가 된다고 생각하니……."

"으응? 야구 선수가 되는 게 네 꿈이잖아?"

"꿈이긴 한데…… 잘해야 한다는 생각에 재미가 없어질까 봐 걱정이야."

"걱정하지 마. 너는 분명히 재미있게 잘할 수 있을 거야."

"프로 선수가 되는 건 너무 힘든 길이라고 하니까 겁을 먹어서 그런가 봐."

진로를 일찌감치 정했다고 부러워했는데 그렇다고 아무 걱정이 없는 건 아니란 사실을 알게 됐다. 하준이의 솔직한 생각을 들을 수 있어서 좋았다.

우리는 감독님의 구령에 맞춰 몸을 푼 뒤, 두 조로 나눠서 타격과 땅볼 수비 연습을 했다. 쉬는 시간에도 캐치볼을 하면서 놀았다. 내가 공을 던질 차례가 되자, 하준이가 다가와 옆에서 투구 자세를 봐 주겠다고 했다.

준비 동작을 취하고 포수를 향해 공을 던지자, 하준이가 엄지를 들어 보였다.

"와, 체인지업 좋은데!"

난생처음 듣는 칭찬이었다. 같은 반 친구라고 듣기 좋은 말을 해 주는구나 생각했다. 내가 던진 건 직구이지 체인지업이 아니었기 때문이다. 게다가 난 변화구를 좋아하지 않고 제대로 던질 줄도 모른다. 공 잡는 방법부터 팔 동작, 공의 회전 속도까지 고려해야 하는 구질을 내가 구사했을 리가 없다.

하준이가 흥미롭다는 표정을 지으면서 배트를 들고 타석에 섰다.

"자, 준비됐어. 다시 한 번 던져 봐."

나는 그동안 배운 투구 동작을 떠올리면서 최대한 힘껏 공을 던졌다. 내가 던진 공이 포수의 글러브로 쑤욱 빨려 들어갔다.

하준이가 빙긋이 웃으면서 고개를 갸우뚱했다.

"내가 웬만한 공은 다 치거든. 근데 왜 네 공은 치기 어렵냐?"

"그래?"

"응, 진짜 알다가도 모를 일이다."

하준이는 내 투구 동작이 아주 멋있는 건 아니지만 구질은 정말 매력적이라고 말했다.

힘주어 쓴 하준이의 글씨를 보니 또다시 궁금증이 일었다. 왜 내 구질을 칭찬했을까? 나는 직구를 던졌는데 왜 체인지업이 좋다고 했지? 생각이 꼬리를 물었다.

그러다가 갑자기 깨달았다. "유레카!"를 외칠 만큼 놀라운 사실을. 역설적이지만 내 직구는 너무 느렸고, 홈 플레이트 앞에서 뚝 떨어지면서 치기 어려운 공이 된 것이다. 타자는 공이 똑바로 날아온다고 생각하고 방망이를 휘두르지만 타이밍을 놓치고 헛스윙을 하고 만다.

그 순간 머릿속에서 자기소개에 알맞은, 힘 있는 첫 줄이 완성되었다. 하고 싶은 말을 풀어서 쓰려면 시간이 필요하겠지만 그건 별 문제가 아니었다. 내가 어떤 아이인지 스스로 조금씩 이해하고 있다는 게 중요했다.

다음 날 아침, 설문 조사 답변을 정리한 종이를 진주에게 슬쩍 보여 주었다.

"너도 이거 해 봐. 그동안 미처 몰랐던 나를 알 수 있어."

진주는 양손을 내밀며 어깨를 으쓱 들어 올렸다.

"다들 대충 쓰는 것 같더니 아니었나 보네."

진주의 말을 들으니까 우리 반 아이들이 새삼 더 고마웠다.

"뭔가 궁금할 때 설문 조사나 인터뷰를 하는 이유를 이제야 알겠어. 다른 사람한테 내 장단점을 듣는 게 은근히 재미있더라고."

"재미있다고? 단점을 지적하면 기분이 나쁠 텐데?"

"아주 틀린 말은 아니니까 뭐. 기분 나빠할 이유가 없겠더라고. 완전히 아니다 싶은 말은 흘려들으면 되고."

"하긴 그렇지."

진주의 반응은 나쁘지 않았다. 그래서 대회 안내서에서 가장 인상적이었던 내용을 콕 짚어서 알려 주었다.

"아참, 그리고 장래 희망을 명사보다 동사로, 단어보다 문장으로 표현해 보라더라."

"으응? 그게 무슨 말이야?"

"그러니까 무대 설치가가 꿈이면, 무대에 서는 배우들을 돋보이게 만드는 사람이 되고 싶다고 하는 거지."

"아아, 그렇게 표현해 보라고."

시큰둥한 표정이었지만 귓등으로 듣는 건 아닌 것 같았다. 진주는 꼼꼼하고 똑똑하니까 내가 알려 준 방법을 잘 따라 할 수 있을 거라고 생각했다.

국그릇 같은 사람이 되고 싶어요!

드디어 그날이 됐다. 엄마 아빠와 대회 장소에 도착하니, 나들이 나온 가족들로 잔디 광장이 북적이고 있었다. 알록달록 천막 부스가 눈길을 끌었다. 레모네이드 만들기, 릴레이 동화 쓰기, 물풍선 던지기, 나만의 열쇠고리 꾸미기처럼 우리가 좋아할 만한 활동이 가득했다. 한마디로 축제 분위기였다.

오후 한 시가 가까워지니 스피커에서 안내 방송이 흘러나왔다.

"학생들은 앞으로 모여서 줄을 서기 바랍니다."

엄마가 손가락으로 브이 자를 만들어 보였다.

"고유한, 파이팅!"

나도 같은 모양을 만들었고 우리는 손뼉맞장구를 치듯이 두 브이를 맞댔다. 아빠도 내 어깨를 가볍게 두드리면서 응원했다. 나는 은결이와 함께 단상 쪽으로 걸음을 옮겼다.

학생들이 한자리에 모이자, 대회를 주최한 숲별어린이재단 이사장님이 마이크를 들었다. 인상이 푸근하고 말투도 다정다감했다.

"전통 있고 뜻깊은 자리에 참가한 여러분을 환영합니다."

우리에게 인사를 건넨 뒤엔 곧바로 대회 주제를 발표했다. 건물 벽에 설치된 전광판에 짜잔 하고 글자가 나타났다.

나를 가장 잘 설명하는 장점 한 가지

'와아!' 하는 아이들의 함성이 귓가에 울렸다.

이사장님은 주제에 어떻게 접근하면 좋을지 알려 주었다.

"여러분, 자기 장점을 하나 골라 보세요. 그 장점을 살려서 남을 도와준 경험, 부족한 면을 극복한 사례, 실수를 만회한 에피소드를 쓰면 돼요. 단점이라고 생각했는데 알고 보니 장점이더라, 이런 이야기도 재미있겠지요? 앞으로 어떤 사람이 되고 싶은지 계획을 밝혀도 좋아요."

친절한 설명이 끝나자 아이들이 힘차게 박수를 쳤다.

대회가 열리는 건물 입구에는 참가자 명단이 있었는데, 이름 옆에는 각각 어느 층으로 가야 하는지도 적혀 있었다. 대회 진행 요원이 색깔로 층을 구별할 수 있는 종이 팔찌를 왼쪽 손목에 채워 주었다. 나는 2층 주황색, 은결이는 5층 하늘색이었다.

은결이가 소매를 걷고 팔을 살짝 들어 보였다.

"이거 놀이동산 입장권 같지?"

교실로 이동하라는 말에 살짝 긴장했는데 팔찌 덕분에 그런 기분이 사라졌다. 3층으로 올라가는 계단 앞에서 나와 은결이는 손을 흔들며 인사했다. 응원을 주고받으니 힘이 났다.

교실에 들어서니 조끼를 입은 대학생 자원봉사자가 대회 이름이 인쇄된 원고지를 나눠 주었다. 글씨를 쓰면 사각사각 기분 좋은 소리가 날 것 같았다. 주어진 시간은 한 시간 30분. 원고지 다섯 장을 채우려면 집중력을 발휘해야 했다. 잠깐 동안 글의 순서를 생각하고 첫 문장을 썼는데, 그 다음부터는 술술 풀렸다.

"체인지업이 좋은데!"
주말 야구 교실에서 투구 연습을 하는데 친구가 제 구질을 칭찬했습니다. 분명 직구를 던졌는데 구속이 느려서 타자가 치기 힘든 구질이 된 것입니다. 이 일을 계기로 느리고 더뎌도 정직하게 승부하는 게 제 장점이라는 걸 깨달았습니다-.

설문 조사를 한 까닭과 내 성향을 파악하려고 노력한 과정을 자세하게 밝혔다. 대회를 준비하면서 내 성격과 특징이 무엇인지 새롭게 알았다고 썼다. 공을 강하게 던지거나 멀리 치는 능력은 부족하지만 최선을 다하는 것, 끝까지 노력하는 것이 나의 장점이라고. 그리고 그런 태도는 집이나 학교에서 생활할 때도 달라지지 않는다고.

꾹꾹 눌러 쓰려니 팔이 저려 왔지만 또박또박 쓰는 일을 포기할 수 없었다. 아이들이 한석봉 같다고 칭찬하는 글씨체가 내 생각을 전하는 데 조금이라도 도움이 되면 좋겠다고 생각했다.

마지막 부분엔 이렇게 썼다.

국그릇처럼 따뜻한 사람이 되고 싶습니다.

부모님이 혼자 사는 어르신들께 도시락 배달 봉사를 할 때 따라다니면서 했던 다짐인데, 멋진 계획이라고 자부한다. 할머니 할아버지께서 국그릇에 손을 대고 온기를 느끼는 모습이 기억에 남아서 이런 결심을 했다는 말도 잊지 않았다.

끝날 시간이 다가오자 글쓰기를 마무리하라는 방송이 나왔다. 처음부터 쭉 읽어 보면서 틀린 글자나 빠진 말이 있는지 살펴보았다.

하고 싶은 이야기를 글에 잘 담은 듯해서 뿌듯했다. 대회는 그렇게 끝났다.

나와 은결이는 그날 오후 늦게까지 잔디 광장에 있는 체험 부스를 돌아다녔다. 놀 거리가 많아서 신나게 즐겼다.

5월 마지막 날, 아침부터 은결이가 자기소개 대회 결과를 발표하는 날이라면서 기대를 드러냈다.

조회 시간에 담임 선생님이 수상자를 공개했는데, 우리 학교에서 여럿이 상을 탔다. 우리 반은 나와 세이가 상을 받았다. 주말마다 무한상상실을 마음껏 이용할 수 있다는 선생님 말에 아이들이 환호성을 지르면서 함께 기뻐해 주었다.

은결이는 글을 완성해서 제출한 학생 전원에게 보내 준 학용품 꾸러미를 받고 싱글벙글했다. "참가상인데 뭐가 그렇게 좋냐?"고 묻는 애들도 있었지만, 은결이는 "부러우면 지는 거야."라는 말을 노래처럼 흥얼거렸다.

선생님 얼굴엔 미소가 가득했다.

"다들 축하해! 좋은 경험이었으리라 믿어."

나는 큰 소리로 대답했다.

"감사해요! 이게 다 선생님이랑 친구들 덕분이에요."

중간에 포기하고 싶은 순간을 견뎌 낸 나 자신이 무척 대견했다.

세이는 내가 상을 탄 게 신기하다는 반응이었다. 축하한다고 먼저 인사를 건네자, 마지못해 "나도!"라고 대꾸했다.

옆 분단에 앉은 하준이는 뒤를 돌아보면서 나를 향해 물개박수를 보냈다.

"상 탄 거 축하해!"

"고마워. 너랑 투구 연습을 한 게 결정적인 도움이 됐어."

"그래? 뭔지 모르겠지만 보탬이 됐다니 다행이네."

하준이가 자기 일처럼 좋아해 주어서 고마웠다.

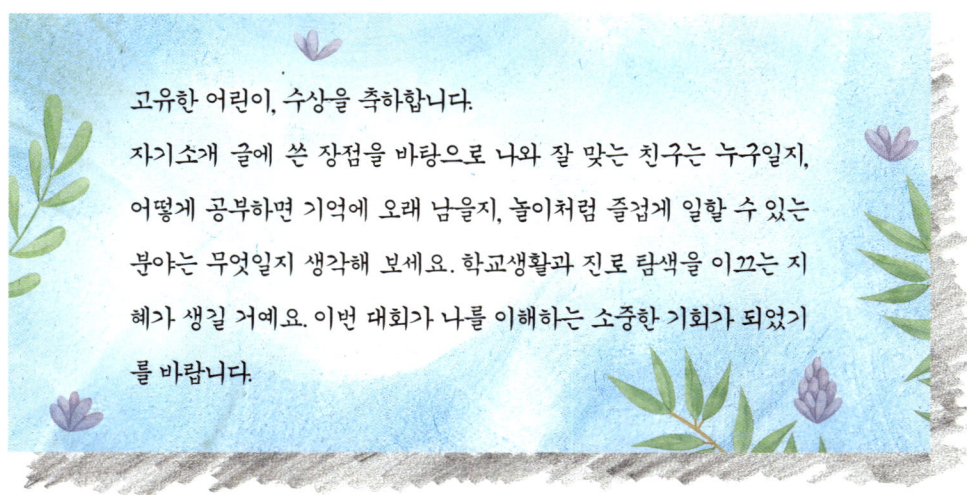

고유한 어린이, 수상을 축하합니다.
자기소개 글에 쓴 장점을 바탕으로 나와 잘 맞는 친구는 누구일지, 어떻게 공부하면 기억에 오래 남을지, 놀이처럼 즐겁게 일할 수 있는 분야는 무엇일지 생각해 보세요. 학교생활과 진로 탐색을 이끄는 지혜가 생길 거예요. 이번 대회가 나를 이해하는 소중한 기회가 되었기를 바랍니다.

상장 내용을 읽어 보려고 파란색 상자를 열었는데 거기에 축하 카드가 들어 있었다. 내 이름이 종이 위에서 반짝였다.

카드에 적힌 내용처럼 대회를 치르면서 나를 알아 갈 수 있어서 좋았다. 앞으로 '나는 이런 아이야.'라고 소개할 일이 많이 생길 텐데 두고두고 도움이 될 거다.

친구들에게도 자기소개 글을 써 보라고 권하고 싶다. 이야기를 어떻게 시작할지 모르겠다고 하면 나한테 보탬이 되었던 방법으로 도와줄 생각이다.

"내가 생각하는 네 장점은……."

실전! 나를 소개해 보아요

자기소개를 하는 자리가 생기면 무슨 말을 어떻게 해야 할지 몰라서 답답하고 긴장되나요? 친구들의 눈과 귀를 사로잡는 인상적인 자기소개를 하고 싶나요? 이 책의 주인공인 고유한 어린이처럼 즐겁고 재미있게 나를 소개하는 글쓰기를 해 보아요. 어렵지 않아요. 단계별 활동을 차근차근 따라해 보세요. 나만의 개성이 담긴 멋진 자기소개 글을 완성할 수 있어요. 더불어 스스로에 대해 제대로 알고 나 자신과 친해지며 더욱 사랑할 수 있는 기회가 될 거예요.

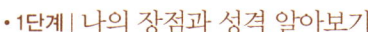

- 1단계 | 나의 장점과 성격 알아보기
- 2단계 | 자기소개에 알맞은 소재 찾기
- 3단계 | 자기소개 글쓰기 궁금증 해결
- 4단계 | 완성! 나를 소개하는 글쓰기

1단계 | 나의 장점과 성격 알아보기

❶ 나의 장점 카드 활용하기

초등학생에게 "너는 어떤 아이니?"라고 물으면 "저는 평범해요!"라고 답하는 경우가 적지 않아요. 평범하다는 말은 뛰어나거나 색다른 점 없이 보통이라는 뜻인데, 누구든지 남과 다른 점이 하나라도 있게 마련이에요. 아무리 사소한 점이라도 스스로 하찮다고 여기는 대신 남다른 능력이라 생각하고 나만의 특징, 장점으로 발전시켜 보세요. 그게 바로 내가 어떤 사람인지 말할 수 있는 출발점이 되어 줄 거예요.

어떤 일을 잘할 수 있다는 자신감은 나를 잘 아는 데에서 출발하기 때문에 자기 이해 과정이 무척 중요해요. 자기 이해, 그러니까 내 기질이나 품성 등을 파악하는 데 도움을 주는 활동으로 '책에 나오는 인물의 성격 분석하기'를 추천해요.

장난꾸러기 또래 친구가 등장하는 동화를 예로 들어 볼까요? 먼저, "이 글에서 알 수 있는 주인공의 성격으로는 어떤 것들이 있을까?" 하고 질문할 수 있어요. 그리고 책을 다시 보면, "욕심이 없고 겸손한가?", "남의 말을 잘 믿나?", "어쩌다 한 번씩 심술궂은 면을 보이지만 대체로 친절한가?" 등 책의 내용과 관련하여 성격을 좀 더 자세하게 분석할 수 있지요. 즐겨 읽는 책을 펼쳐 주인공의 말과 행동에 밑줄을 긋거나 동그라미로 표시하면서 나와 어떤 점이 비슷한지, 다른 점은 무엇인지 비교해 보는 것도 좋아요. 닮고 싶은 점을 찾아보는 것도 재미있답니다.

나의 장점 카드 예시

거짓말하지 않고 솔직하다.	추리를 잘한다.	(아이디어가 독창적이다.)	잘 웃는다.
정이 많다.	계획을 세워서 차근차근 공부한다.	(처음 만난 친구와 금방 친해진다.)	도형 감각이 좋다.
기억력이 뛰어나다.	인사를 잘한다.	책 읽기를 즐긴다.	내 물건을 스스로 챙긴다.
다른 사람의 말을 잘 들어준다.	용감하다.	호기심이 많다.	쉽게 포기하지 않는다.

자, 이제는 본격적으로 나의 장점을 찾아볼 차례예요. 게임처럼 가벼운 마음으로 즐겁게 시작할 수 있는 나의 장점 카드를 작성해 볼까요? 빙고 판처럼 3×3, 4×4, 4×5, 5×5 칸으로 표를 그린 뒤 내 장점을 쓰는 방법이에요. 처음부터 칸을 다 채우려고 부담을 느낄 필요는 없어요. 생각날 때마다 하나씩 써 보세요.

표를 완성한 뒤에는 나를 잘 드러낸다고 생각하는 문구를 두세 개 골라서 문장으로 만들어 보세요. 위 예시에서 골라 창의적인 면모와 사회성이 좋은 성격을 강조하는 문장을 만들어 볼까요? 동그라미 표시한 장점 카드의 내용을 바탕으로, '나는 독창적인 아이디어를 잘 내고 처음 만난 친구와 금방 친해지는 적극적인 아이입니다.'라고 표현할 수 있어요.

나의 장점 카드 작성하기

나를 잘 드러내는 문구 고르기

①

②

위 문구들로 강조하고 싶은 성격을 문장으로 표현하기

❷ **핑거 맵으로 나를 표현하기**

여러 사람 앞에서 자기소개를 해야 하는 경우는 수없이 많아요. 준비 없이 즉석에서 나를 알려야 하는 순간도 있지요. 이런 때는 머릿속에 떠오르는 생각을 글과 그림, 기호로 정리한 뒤 빠르고 정확하게 전달하는 기술이 필요해요. 이걸 시각적 사고라고 하는데, 교육 현장에선 보통 비주얼 씽킹(Visual Thinking)이라고 불러요.

자기소개에 알맞은 비주얼 씽킹 표현법은 핑거 맵(Finger Map)이에요. 종이에 손을 대고 따라 그린 뒤, 손가락과 손바닥 부분에 나를 드러내는 글과 그림을 넣는 활동이지요. 이때 손을 최대한 쫙 펴고 그려야 모양이 예뻐요.

엄지부터 검지, 중지, 약지, 새끼손가락까지 차례로 '가장 소중하게 여기는 것

은 무엇인지', '어떤 일을 좋아하고 잘하는지', '단점 혹은 고치고 싶은 성격이 있는지' 등을 써넣으면 완성! '나를 사물에 빗대어 표현하면 어떻게 나타낼 수 있는지, 왜 그렇게 생각하는지', '앞으로 어떤 사람이 되고 싶은지'도 권할 만한 내용이에요. 이렇게 쓴 문장을 한데 모으면 짧은 시간에 나를 효과적으로 알릴 수 있지요. 발표 내용의 순서를 기억하기도 쉬워요. 이야깃거리를 자유롭게 골라 연습하면서 자기소개 실전에 대비해 보세요.

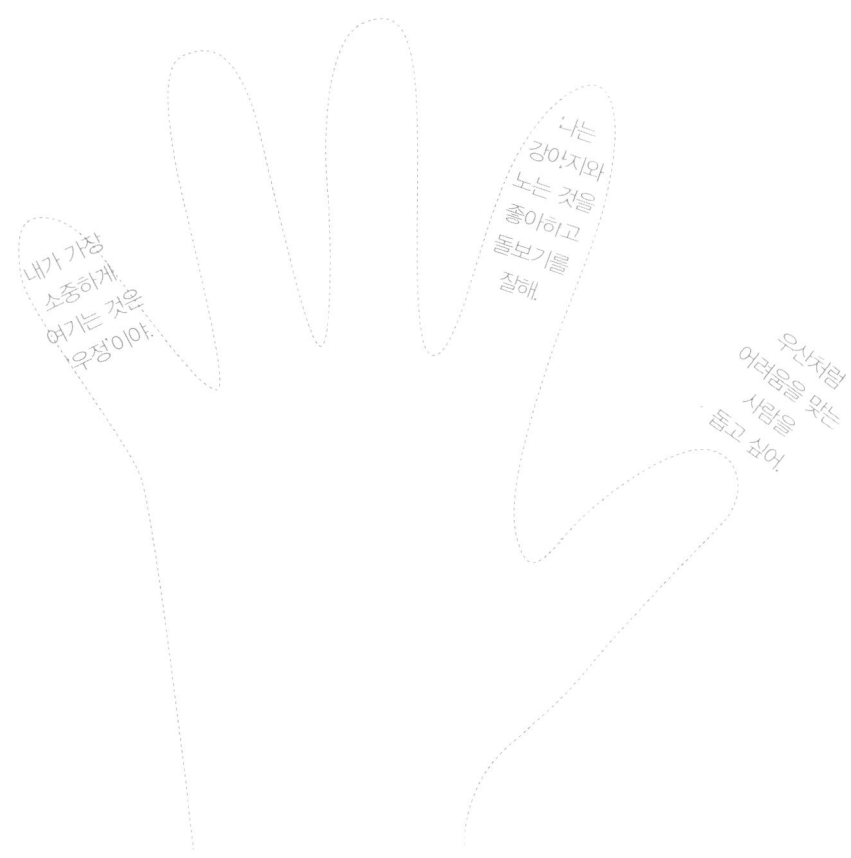

손을 대고 따라 그려 보세요. 손가락과 손바닥 부분에 나를 드러내는 글을 쓰고 그림도 그려 보세요.

2단계 | 자기소개에 알맞은 소재 찾기

❶ 내가 주도적으로 한 활동

스스로 계획을 세우고 실천한 활동은 자기소개에 알맞은 소재예요. 어느 분야에 관심이 생겼는지, 무엇이 계기가 되었는지, 어떤 과정을 거치면서 무슨 경험을 했는지 써 보세요. 수행평가를 준비하거나 또래 수업에 참여하면서 여럿이 함께 움직였을 때 내가 낸 아이디어는 무엇인지, 어떤 역할이었는지 강조해야 해요.

나에게 의미 있는 학습 경험은 다루기 쉬운 글감이에요. "이야기책을 읽고 결말이 마음에 들지 않아서 새롭게 고쳐 썼다.", "집짓기 게임을 하다가 광물에 대한 관심이 높아져 철, 금, 청금석, 다이아몬드의 특징을 알아봤다."처럼 즐겁게 몰입한 과정을 보여 줄 수 있는 내용이면 좋아요.

그림 그리기, 역사 신문 만들기, 시사 이슈 검색하기, 수학 문제 풀기, 식물이나 반려동물 기르기, 악기 연주하기, 운동하기, 가족 여행 일정 짜기, 영상 제작하기……. 내가 즐겨 하는 일을 떠올려 보세요. 무엇을 성취했는지, 얼마나 성장했는지를 구체적으로 쓰다 보면 나도 몰랐던 나를 발견하고 특별히 재능을 보이는 분야를 찾을 수 있어요.

❷ 나만의 독서 경험

'네가 읽은 책이 너를 말해 준다.'는 말을 들어 본 적 있나요? 독일 작가 괴테가

남긴 말인데, 독서 수준과 성향으로 나를 설명할 수 있다는 의미예요. 읽은 책 가운데 한두 권을 선정해 배우고 느낀 점을 쓰는 것 역시 빠뜨릴 수 없는 자기 이해 활동이지요.

어떤 책을 골라야 할지 막막할 때는 좋아해서 여러 번 읽거나 내 호기심을 채워 준 책을 선택하는 것이 매우 좋은 방법이에요. 재산을 사회에 환원한 유일한 박사의 일대기를 접한 뒤 더불어 사는 지혜를 배웠다는 감상은 어떨까요? 우주 비행사가 되고 싶어서 달과 행성에 관한 책을 읽은 과정, 말괄량이 삐삐 이야기가 재미있어서 아스트리드 린드그렌 작가의 작품을 모조리 찾아 읽은 사연처럼 고유한 경험을 드러내면 자기소개로 손색이 없어요.

하지만 단순히 책 내용을 요약하는 건 피해야 해요. 독서가 내 생활에 미친 긍정적인 영향을 생각해 보는 것이 핵심이니까요. 어떤 책을 즐겨 읽는지, 왜 이 책을 친구에게 권하고 싶은지, 내 시선이 어떻게 달라졌는지, 생각이 얼마나 넓어지고 깊어졌는지 보여 주세요.

❸ 다른 사람과의 관계

예전에는 나를 소개하면서 가정 형편이나 지역 환경 등을 밝히는 일이 많았지만, 요즘엔 그런 소재를 거의 다루지 않아요. 대신 친구나 선생님, 이웃 어른처럼 나를 둘러싼 사람들과 어떻게 지내는지 보여 주는 것이 주요한 자기소개 항목이 되었어요. 대인 관계를 바탕으로 인성이 자연스레 드러나는 생생한 에피소드가 더 많은 관심과 흥미를 이끌어 내는 것은 물론, 사회 구성원으로서의 나에 대해 잘 보여 주기 때문이에요.

학교나 학급 등 내가 속한 공동체에 기여한 일이 있는지 떠올려 보세요. 몸이 불편한 친구를 도와준 나눔과 배려의 경험, 여럿이 힘을 모아서 조별 발표 과제를 수행한 모둠 활동은 매우 의미 있는 소재예요. 규칙을 잘 지켜서 칭찬받은 일, 따돌림이나 괴롭힘 등 우리 반 아이들의 갈등을 해결한 순간도 내 성품을 보여 주는 사례이지요.

성공한 일만 고집할 필요는 없어요. 실패한 사연을 털어놓아도 괜찮아요. 사용하지 않는 물건을 판매해서 복지관에 기부하는 나눔 장터에 참여한 일을 예로 들어 볼게요. 작아진 옷과 안 쓰는 학용품을 잔뜩 준비했는데 생각보다 팔리지 않아서 고생했을 수 있어요. 하지만 그것 역시 값진 경험이에요. 남을 돕는 일이 얼마나 힘든지 깨달았을 테니까요. 그 과정에서 배우고 느낀 점을 쓰면 나의 성격과 행동 특성을 자연스럽게 드러낼 수 있어요.

3단계 | 자기소개 글쓰기 궁금증 해결

❶ 언제부터 시작하면 좋을까요?

자기소개는 학교생활의 중요한 부분을 차지해요. 친구들에게 나를 알리는 일은 새 학년 새 학기의 단골 과제이지요. 사회적 관계를 맺는 절차이고 내 첫인상을 좌우하는 일이어서 나를 소개하는 데 익숙해져야 해요. 교과 수업이나 창의적 체험 활동에서 진행하는 활동은 '1분 말하기', '자기소개 글쓰기 수행평가', '영어로 내 성격 표현하기' 등으로 다양합니다.

진로와 연관 지어 자기소개 글쓰기를 시작하기 알맞은 시기는 초등 3~4학년이에요. 고학년이 되면 실과에서 자기 이해와 직업 탐색을 다루기 때문에 그 전에 나와 친해지는 시간을 마련하는 게 좋아요.

❷ 남한테 말할 만한 장점이나 경험이 없어요

자기소개 글을 쓰라고 하면 "쓸 말이 없다."고 하소연하는 어린이들이 있어요. 굉장히 흥미진진한 이야기가 담겨야 한다고 생각하기 때문이에요. 이런 어린이들에게는 너무 잘 쓰려고 애쓰지 않아도 된다고 말해 주고 싶어요. 부담을 지나치게 느끼면 소심해지기 쉬우니까요.

내 장점이 뭔지 모를 때는 다른 사람에게 물어보는 것도 방법이에요. 가장 가까운 친구 세 명에게 메모지를 나눠 준 뒤 칭찬할 거리를 써 달라고 해 보세요. 특별히 돋보이는 점, 지금도 잘하지만 좀 더 노력해야 할 점 등 내가 잘 모르는 나에 대해 궁금한 내용을 물어보는 거예요.

경험이 부족하고 쓸 말이 없다고 해서 계획과 다짐을 늘어놓는 것은 삼가야 해요. "앞으로 부모님 말씀을 잘 듣고 착한 어린이가 될 거다.", "공부를 열심히 해서 훌륭한 사람이 되겠다!"처럼 결심을 밝히는 건 중요하지만, 이런 내용으로 분량을 채운 글을 잘 썼다고 말하긴 힘들어요. 자기소개 글은 '미래의 나'보다 '현재의 나'에 집중해야 하니까요.

❸ 다른 사람이 쓴 글을 참고해도 될까요?

글을 쓰기 전에 인터넷을 검색하는 경우가 많은데 그건 권할 만한 방법이 아니에요. 나도 모르게 소재나 형식을 흉내 낼 수 있거든요. 독후감 쓰기 대회에 참가하는 과정을 떠올려 보세요. 작년이나 재작년 수상작을 읽으면 상을 받고 싶은 마음에 똑같은 책을 읽고 느낀 점 역시 비슷하게 따라 쓰기 쉬워요.

나를 소개하는 글도 마찬가지예요. '나는 누구일까?'란 주제로 글을 쓰면서 또래의 글을 참고하면 어떻게 될까요? 내 생각은 사라지고 남이 찾아 놓은 틀에 맞춰 나를 알릴 가능성이 높아져요. 자기소개 글을 쓸 때는 다른 사람이 쓴 글을 읽지 않는 게 바람직해요. 남과 차별화된 경험, 진심을 담아서 소신 있게 쓴 나만의 이야기가 읽는 이에게 감동을 준다는 사실을 기억하세요.

❹ 나를 최대한 많이 자랑하고 싶어요

잘하는 일을 드러내고 싶은 건 당연해요. 하지만 자랑거리만 잔뜩 쓴 글을 좋은 자기소개라고 보긴 어려워요. 분량이 정해져 있다면 그 안에서 나를 제대로 알리는 데 걸림돌로 작용할 수 있거든요.

한국 영화계의 거장으로 불리는 봉준호 감독을 60자 정도로 소개해 볼까요? '영화 〈플란다스의 개〉〈괴물〉〈설국열차〉〈옥자〉를 만들고 〈기생충〉의 극본과 감독을 맡아서 상을 많이 받았다.'라는 설명이 가능해요. 하지만 이것으로는 작품 세계를 이해하기 힘들지요. '〈기생충〉을 통해 빈부격차의 현실을 드러내고 우리 사회의 문제점을 생각할 기회를 줘서 영화계의 좋은 평가를 받았다.'라는 문장은 어떨까요? 글자 수가 같은데 좀 더 자세하게 느껴지지 않나요?

　나를 소개하는 글에서 활동을 나열하는 일은 피해야 해요. 학급 회장을 했다, 발레를 배웠다, 과학을 잘해서 발명 교실에 다녔다, 학교 도서관에서 책 정리 봉사를 했다……. 이렇게 내가 한 일을 보여 주는 데 그쳐선 안 돼요. 한 가지여도 좋으니 경험하면서 무슨 생각을 했는지, 어려움을 어떻게 극복했는지, 어떤 점에서 성장하고 발전했는지 보여 주세요.

4단계 | 완성! 나를 소개하는 글쓰기

❶ 나의 장점 찾기

장점은 좋아하거나 잘하는 점, 긍정적인 면을 말해요. 소개하고 싶은 나의 장점을 떠올리면서 빈칸을 채우세요. 51쪽에서 내가 생각하는 나의 장점으로 장점 카드를 완성했다면 이번에는 친구들이나 선생님이 칭찬하는 점을 찾아 쓰는 방법도 추천합니다.

❷ 이야깃거리 고르기

그럼 이제 구체적인 이야깃거리를 골라 볼까요? 다음의 일곱 문항에 차례로 답하면서 가장 마음에 드는 것 한두 가지를 선택해 보세요. 하고 싶은 말이 많은 쓸거리를 찾으면 자기소개 과정이 즐겁고 글을 끝까지 완성하는 힘을 확보할 수 있어요.

내가 생각하는 나의 최대 장점을 제시하고, 이와 관련된 구체적인 사례를 쓰세요.

요즘 나의 생활을 딱 세 가지 키워드만으로 나타내 볼까요? 그렇게 표현한 이유도 내 경험과 연관 지어 설명하세요.

키워드 :

키워드 :

키워드 :

재미있어서 꾸준히 하는 활동이나 자발적으로 계획해서 행동에 옮긴 일을 소개한 뒤, 배우고 느낀 점을 쓰세요.

재능이 있다고 느낀 분야가 있나요? 그렇게 생각한 계기를 밝히고 관련 경험을 자세하게 쓰세요.

요즘 가장 궁금한 것은 무엇인가요? 궁금증을 해결하려고 어떤 노력을 기울였는지, 그 과정에서 무엇을 느꼈는지 쓰세요.

최근에 읽은 책 가운데 가장 인상 깊었던 한 권을 고른 뒤, 배우고 느낀 점을 기록하세요.

다른 사람을 도와준 일 가운데 특별히 의미 있다고 느낀 활동이 있으면 구체적으로 쓰세요.

❸ **내용과 순서를 정하는 개요 짜기**

집을 지을 때 설계도가 필요하듯이 글을 쓸 때는 내 생각을 조리 있게 정리해서 뼈대를 세우는 개요 짜기 과정을 거쳐야 해요. 앞에서 찾아내고 고른 나의 장점과 이야깃거리를 바탕으로 내가 하고 싶은 자기소개의 중심 내용과 뒷받침 내용을 생각해 빈칸을 채우세요.

처음	
가운데	
끝	

❹ 매력적인 첫 문장 쓰기

자기소개 글의 첫 문장은 나의 첫인상을 결정지을 가능성이 높아요. 읽는 사람이 내 모습을 떠올리거나 나에 관해 궁금증을 느끼도록 관심을 끌 만한 표현을 떠올려 보세요. '친구들은 나를 백과사전이라고 부른다.'와 같이 내 특징을 드러내는 별명을 밝히거나 '나는 우리 반 체스 왕이다.'처럼 앞으로 전개할 내용을 한 줄에 담는 것도 권할 만해요.

시작이 반이라는 말을 들어 봤지요? 첫 문장이 마음에 들면 절반은 성공이에요. 게다가 글쓰기가 한결 수월해집니다. 떠오르는 문장들을 모두 아래에 적어 보세요.

❺ **자기소개 글 완성하기**

글의 밑그림인 개요를 보면서 머릿속 생각을 종이에 옮겨 보세요. 자기소개 글의 생명은 솔직함과 당당함이에요. 문장을 화려하게 꾸미기보다 내 목소리를 담담하고 생생하게 담아내는 노력이 중요합니다.

제목 :

❻ 글다듬기

글을 다 쓴 뒤에는 제목과 글감이 어울리는지, 내가 말하고 싶은 중심 생각이 잘 나타나는지, 문맥이 매끄러운지 확인해야 해요. 이렇게 문장을 가다듬는 일을 퇴고라고 하는데, 글을 처음부터 끝까지 소리 내어 읽는 방법을 추천합니다. 어색한 문장이나 맞춤법 실수를 발견하는 데 도움이 돼요.

주어와 서술어가 호응하나요?

문장에서 앞에 어떤 말이 오면 거기에 응하는 말이 따라오는 것을 호응이라고 해요. 문장성분 간에 호응이 이뤄지지 않으면 글이 어색하게 느껴져요. 주어와 서술어가 호응하는지, 문장에서 필요한 부분이 빠지지 않았는지 꼼꼼하게 읽어 보세요.

> 달리기 연습을 시작한 이유는 내가 우리 반 대표로 **뽑혔다.** (X)
> → 달리기 연습을 시작한 이유는 내가 우리 반 대표로 **뽑혀서다.** (O)
>
> : 문장의 주어는 '이유는'이므로 서술어는 '(이)다.'로 호응해야 해요. 또한 '나는 달리기 연습을 시작했다. 왜냐하면 우리 반 대표로 뽑혔기 때문이다.'라고 고쳐 쓸 수도 있어요.

문장이 짧고 간결하나요?

한꺼번에 여러 가지 생각을 섞어서 전하면 무슨 말을 하려는지 파악하기 힘들어요. 문장 하나에 한 가지 내용을 담고, 단어나 어구를 중복하지 말아야 해요. 의미가 같거나 비슷한 부분을 빼고 다듬으면 글이 훨씬 깔끔해져요.

간혹 "몇 글자로 써요?"라고 묻는 경우가 있는데, 보통 한 문장은 30~50자가 알맞고 60자를 넘기지 않는 것이 바람직해요. 하지만 우리가 글을 쓸 때 글자 수를 일일이 셀 수는 없잖아요? 200자 원고지에서 세 줄, 컴퓨터 한글 문서 화면에서 한 줄 반이 넘으면 긴 문장이라고 할 수 있어요. 길어진 부분을 알맞게 끊어서 다시 써 보세요. 문장이 짧고 간결할수록 의미를 정확하게 전달할 수 있어요.

어투가 통일되었나요?

자기소개 글은 대개 상대를 높이고 공손한 느낌을 주려고 '-ㅂ니다.'로 끝나는 어투로 쓰지만, '-다.'로 써도 무방해요. 이를 글을 평가하는 기준으로 삼지 않는 경우가 대부분이기 때문이에요. 하지만 둘을 섞어서 쓰는 일은 없어야 해요. 문장을 끝내는 종결 표현을 한 가지 형태로 일치되게 썼는지 확인하세요.

> 과학관에서 발효와 부패의 차이를 배우고 조별로 요구르트 만들기 <u>실험을 했다.</u> (X) 친구들과 함께 실험 과정을 설계하면 협동심을 기를 수 있다는 사실을 깨달았습니다.
>
> → 과학관에서 발효와 부패의 차이를 배우고 조별로 요구르트 만들기 <u>실험을 했습니다.</u> (O) 친구들과 함께 실험 과정을 설계하면 협동심을 기를 수 있다는 사실을 깨달았습니다.
>
> : 문장의 끝부분에 오는 표현에 따라 글의 느낌이 달라지기 때문에 전체적으로 통일해야 해요. '했다.', '깨달았다.'로 맞춰 고쳐 쓸 수도 있어요.